Eine wundervolle Weihnachtszeit

Worte, die Frieden schenken

Eine wundervolle
Weihnachtszeit

Worte, die Frieden schenken

HERDER

FREIBURG · BASEL · WIEN

Herausgegeben von German Neundorfer
Mit Beiträgen von:

Hanna Buiting

Hermann Glettler

Anselm Grün

Lorenz Marti

Philipp Meyer

Mönch von Salzburg

Joseph Mohr

Susanne Niemeyer

Wolfgang Öxler

Rainer Maria Rilke

Norbert Roth

Johannes Schaber

Christoph von Schmid

Andrea Schwarz

Christa Spannbauer

Pierre Stutz

Beatrice von Weizsäcker

Heiner Wilmer

Notker Wolf

Teresa Zukic

Vorwort

Was ist das Besondere am Weihnachtsfest? Ist es die Vorfreude, die uns spätestens in der Adventszeit übermannt und uns erwartungsvoll dem Fest entgegenblicken lässt? Sind es die unzähligen Lichter und Kerzen, die unsere Zimmer und Wohnungen in ein Leuchten hüllen, das der Kälte und dem Dunkel des Winters trotzt? Sind es die bunten Geschenke, die wir sorgfältig und voller Hingabe verpacken, um sie an Heiligabend unseren Liebsten überreichen zu können? Oder ist es vielleicht das Zusammenfinden aller Familienmitglieder, vom Enkel bis zur Großmutter, die ansonsten weit verstreut leben und nur selten die Gelegenheit haben, einander zu begegnen – gemeinsam an einem festlich gedeckten Tisch?

Sicherlich, das alles macht das Weihnachtsfest besonders, was aber das Fest der Geburt Jesu im Innersten prägt, das ist die Botschaft des Friedens.

Nun werden Sie womöglich aufhorchen und sich daran erinnern, dass es im letzten Jahr zu Weihnachten gar nicht so friedlich zugegangen ist. Das fing schon im Advent beim Besorgen der Geschenke an und endete nicht mit dem Zubereiten der Weihnachtsgans. Und blickt man auf das Geschehen damals, vor 2000 Jahren in Bethlehem, waren die Begleitumstände dieser Geburt auch alles andere als friedlich.

Und doch gelingt es dem Weihnachtsfest immer wieder, den Unfrieden unser Alltags zu durchbrechen, Inseln zu schaffen für unsere Sehnsucht, Inseln der Stille und der Besinnung, Inseln des Lichts inmitten der Dunkelheit. So wie die Engel den Hirten den Frieden auf Erden verkündeten, so sollen auch wir diese frohe Botschaft erfahren. Und wenn wir uns ihm öffnen, kann uns dieser Friede am Ende des Jahres umfangen und ins neue Jahr tragen. Dazu möchten Sie, liebe Leserin, lieber Leser, die Texte in diesem Buch herzliche einladen.

German Neundorfer

Inhalt

In der Stille der Nacht
Vom Schweigen und Horchen

Es treibt der **Wind** im
Winterwalde

Von der Zeit der Sehnsucht

Advent

Rainer Maria Rilke

Es treibt der Wind im Winterwalde
Die Flockenherde wie ein Hirt,
Und manche Tanne ahnt, wie balde
Sie fromm und lichterheilig wird;
Und lauscht hinaus. Den weißen Wegen
Streckt sie die Zweige hin – bereit,
Und wehrt dem Wind und wächst entgegen
Der einen Nacht der Herrlichkeit.

Zeit der Sehnsucht

Anselm Grün

Sehnsucht ist mehr als Nostalgie. Mag bei manchen auch die Erinnerung an früher hochkommen, die Sehnsucht ist ein Gefühl, das wir jetzt haben. Die Erinnerung an die Erfahrungen von Heimat, die wir früher in der Adventszeit erlebt haben, stellt uns vor die Frage, was uns jetzt trägt. Was war das, was uns damals berührt hat? War das nur Einbildung? War das nur romantische Schwärmerei? Wir ahnen tief in unserem Herzen, dass da etwas Zentrales in uns angerührt wird, die Sehnsucht nach Erfüllung, die Sehnsucht nach einer Welt voller Liebe und Zärtlichkeit. Es ist die Welt, die durch die Erwartung eines göttlichen Kindes geprägt ist, durch die Hoffnung, dass alles neu werden wird, wenn Gott selbst eintritt in unsere Welt, durch das Vertrauen, dass Gott in uns herrscht und alle inneren und äußeren Herren, die uns das Leben schwer machen, entmachtet.

Die Sehnsucht ist die Spur, die Gott in unser Herz gegraben hat. Viele Menschen beklagen sich, dass Gott ihnen so ferne sei, sie spürten ihn nicht. In der Adventszeit kommen sie mit ihren früheren Erfahrungen von Geborgenheit und Heimat, von Gottes heilender Nähe und liebender Zuwendung, in Berührung. Aber das tut nur weh, weil sie als Kontrast ihre innere Leere spüren. Ich rate solchen Menschen immer: »Legen Sie Ihre Hand auf das Herz und spüren hinein, was da an Sehnsucht aufsteigt! Und dann stellen Sie sich vor, dass Ihre Sehnsucht die Spur ist, die Gott in Ihr Herz gelegt hat, um Sie an sich selbst zu erinnern, um Ihnen seine Nähe zu zeigen. Wenn Sie sich selbst und Ihre Sehnsucht spüren, dann spüren Sie auch Gott. Wer sich selbst nicht spürt, kann Gott nicht spüren.« Saint-Exupéry sagt einmal: »In der Sehnsucht nach Liebe ist schon Liebe.« So können wir folgern: In der Sehnsucht nach Gott ist schon Gott. In der Sehnsucht nach Geborgenheit ist schon Geborgenheit. Statt zu klagen, dass ich zu wenig Liebe erfahre, zu wenig Geborgenheit, zu wenig spirituelles Angerührtsein, nehme ich in mir die Sehnsucht danach wahr. Und in der Sehnsucht ist schon all das, wonach ich mich sehne.

Die Türen öffnen

Hanna Buiting

Schreibe ich das Wort »Advent« auf Papier, ist es, als öffne sich eine Tür. Ich schlüpfe hindurch und vor mir eröffnet sich eine Welt, die davon erzählt, was mir besonders in Kindertagen so bedeutsam war. Plötzlich ist alles wieder da: die gelben  Klebesternchen am Fenster – an jedem Morgen vom ersten Dezember an bis Weihnachten kommt ein neues hinzu. Meine Schwestern und ich drücken abwechselnd einen Stern mit unseren kleinen Fingern an die Scheibe. Im Wohnzimmer leuchtet das Lämpchen des CD-Players. George Winstons *December* läuft. Auf dem Herd steht ein dampfender Topf Kinderpunsch und in der Pfanne daneben brutzeln Apfelringe, die wir gleich mit Zimt und Zucker bestreuen werden. Unter dem großen Spiegel gegenüber der Treppe stehen unsere gepackten Schulranzen für morgen und auf der

Fußmatte neben der Tür stellen wir unsere Schuhe auf. Schon jetzt sind wir in gespannter Erwartung, ob der Nikolaus auch in unser Haus käme und seine große Tasche auspackte. Am besten schüttete er sie gleich ganz hinein in unsere Winterstiefelchen, bis sie bis oben hin gefüllt sind, mit Schokolade, Erdnüssen und einem Apfel – und vielleicht sogar einer kleinen Überraschung zum Spielen. Ich ahne damals bereits, dass dieser Adventszauber einmal verblassen könnte, halte deswegen noch eine Weile an ihm fest. Will daran glauben, beteure es daher gegenüber meinen jüngeren Schwestern: Morgen, ja morgen kommt der Nikolaus. Sicher auch in unser Haus.

Hoffnungsgrün

Andrea Schwarz

Das Geheimnis unseres Gottes, das Geheimnis der Weihnacht will unser Leben, will unsere Lebendigkeit.

Dafür stehen all die Zeichen des Lebens, die wir gerade in diesen Tagen in unsere Wohnungen und Häuser und Kirchen hereinholen: das Grün der Tannen, das Zeichen des Lebens in einer Zeit, in der alles Grün sonst verborgen ist; das Licht der Kerzen in einer Zeit, die hier in unseren Breitengraden von Dunkelheit geprägt ist; Verheißungen von Leben in Fülle in eine Zeit hinein, die voller Katastrophenmeldungen ist.

Wer im Geheimnis wohnt, für den strahlt im Dunkel ein Licht, für den wächst mitten im Winter aus der Wurzel ein Reis, ein grüner Zweig.

Der hofft trotz aller Hoffnungslosigkeit, der vertraut trotz aller Enttäuschungen, der glaubt allen Zweifeln zum Trotz. Der folgt einem Stern und traut einem Wort. Der sieht ein Kind in der Krippe, in einem erbärmlichen Stall – und fällt auf die Knie, um es anzubeten. Der lässt sich von den Pappkulissen unserer Gesellschaft nicht täuschen – der sieht hinter die Kulissen, der fragt nach dem Sinn, der sucht das Mehr, der findet Gott.

Hoffnung auf den Trost der Welt

Anselm Grün

Hoffnung ist nicht einfach Optimismus. Hoffen heißt: vertrauen, dass Gott alles zu verwandeln vermag. Es wird unsere Seele mit Freude erfüllen – wenn wir nur der Hoffnung in uns Raum geben. Als Georg Friedrich Händel krank und trostlos im Bett lag, stand er eines Tages auf und las in dem Manuskript, das ihm jemand zugesandt hatte. Es begann mit den Worten: »Tröste dich!« Er verschlang die Worte, die alle aus der Bibel entnommen waren, und vertonte sie wie in einem Rausch in drei Wochen. Die Vertonung des »Messias« wurde seine eigene Auferstehung. Und als er sein Oratorium aufführte, waren die Menschen tief berührt von der Kraft dieser tröstenden Musik. Die ersten Worte des »Messias« sind der Anfang der Verheißung, mit denen das zweite Buch des Jesaja beginnt: »Tröste dich, mein Volk, spricht dein Gott. Redet trostreich mit Jerusalem und ruft ihr zu, dass ihr Kriegsdienst zu Ende, dass ihre Missetat vergeben ist« (Jesaja 40,1–2).

Immer wieder singen die Lieder der Adventszeit vom Trost: »Wo bleibst du, Trost der ganzen Welt«, heißt es in einem Lied von Friedrich Spee. Trost kommt von Treue und meint: Festigkeit. Wir erleben oft genug, wie uns der Boden unter den Füßen wegrutscht. Da sehnen wir uns nach einem, der zu uns steht und uns wieder Festigkeit verleiht. Wenn jemand zu uns steht, vermögen auch wir zu uns selbst zu stehen. Advent bedeutet: Wir bekommen wieder Boden unter den Füßen. Wir vermögen wieder aufrecht zu stehen.

Die Seele entrümpeln

Christa Spannbauer

Seien wir ehrlich: Aufräumen, putzen und entrümpeln zählen nicht gerade zu unseren Lieblingsbeschäftigungen. Meist erledigen wir diese leidigen Pflichten schnell und lieblos und sind in Gedanken gar nicht bei dem, was wir gerade tun. Wie wäre es aber, wenn wir den Weihnachtsputz dieses Jahr mit einer achtsamen Grundhaltung angehen würden? Wenn wir diese Zeit nicht als vergeudet, sondern als kostbar ansehen würden? Wenn wir uns bewusst machen würden, dass wir mit dem Ordnen der Dinge auch Ordnung in unser Innenleben bringen? Nicht von ungefähr ist für die Klöster aus Ost und West der achtsame Umgang mit den Gebrauchsgegenständen eine zentrale spirituelle Übung. So ermahnte der Ordensgründer Benedikt von Nursia seine Mönche dazu, wertschätzend mit dem Werkzeug und allen Dingen des Klosters umzugehen. Mehr noch: Die Mönche sollten sich darin üben, die

Objekte des täglichen Lebens wie heiliges Altargerät zu behandeln. Denn damit, so der Gründervater des Benediktinerordens, erhielten sie ein Gespür dafür, dass alles heilig und von Gottes Geist durchdrungen ist.

Wenn wir uns diese Anweisung zu Herzen nehmen, wenn wir damit beginnen, alles, was wir anfassen, mit Sorgfalt und Wertschätzung zu behandeln, eröffnet sich uns eine ganz neue Sicht auf die täglichen Gebrauchsgegenstände. Dann lassen wir diese auch nicht länger unachtsam herumliegen, sondern geben ihnen ihren gebührenden Platz.

Den Dingen mit Achtsamkeit zu begegnen, bedeutet nichts anderes, als ihnen mit Achtung zu begegnen.

In den Zen-Klöstern stellt das Saubermachen daher eine zentrale Übung der Achtsamkeit dar. Denn indem wir das Außen reinigen, reinigen wir auch unseren Geist. Und indem wir die Dinge in unserer Wohnung ordnen und ihnen einen gebührenden Platz zuweisen, bringen wir unser Innenleben in Ordnung. Wie außen, so innen, lautet die Formel hierfür. Und wenn unsere Wohnung im Festtagsglanz erstrahlt, wird auch uns selbst ganz festlich zumute.

Es geht also nicht darum, wie ein Putzteufel mit Wischmopp und Staubwedel durch die Wohnung zu wuseln, sondern das Putzen selbst als eine Möglichkeit zu nutzen, innerlich zur Ruhe zu kommen.

Das gelingt uns, indem wir ganz bei dem sind, was wir gerade tun. Denn wie es um uns herum aussieht, wirkt sich ganz konkret auf unser Lebensgefühl aus.

Durch das Aufräumen der äußeren Welt nehmen wir bewusst Einfluss auf unsere Innenwelt. Wir entrümpeln gleichsam unsere Seele und entlasten unser Herz von unnötigem Ballast. Mit jedem überflüssigen Gegenstand, den wir entfernen, schaffen wir neuen Raum, lassen frische Luft in unser Leben, lösen Blockaden im Unterbewusstsein und kommen uns selbst wieder nahe. Wo eben noch Stagnation und Stillstand herrschten, kommt das Leben wieder in Bewegung.

Wenn die Dinge schließlich aufgeräumt und an ihrem Platz sind, wenn die Wohnung gereinigt ist, kommen auch wir zur Ruhe. Innere Harmonie stellt sich ein. Die Wohnung erstrahlt in neuem Glanz und erhellt unser Leben. Nun können wir damit beginnen, die Wohnung festlich zu schmücken und sie ins Feiertagsgewand zu hüllen. Nun können wir auch die tiefere Verbindung von Mensch und Ding erkennen, uns mit den Dingen gleichsam befreunden und vielleicht sogar das erfahren, was Rainer Maria Rilke in die poetischen Worte goss: »Die Dinge singen hör ich so gern.«

Gebrüllte Sehnsucht

Norbert Roth

Diese flüsternde Nacht in Südfrankreich sehne ich mir heute oft herbei. Im Getöse der Großstadt. Ich liebe das ja, sonst würde ich nicht hier leben. Aber manches geht dann doch an die Nerven. Der Rummel der Weihnachtsmärkte zum Beispiel macht mir jedes Jahr neu bewusst, dass die Sehnsucht nach Wesentlichem das Leben eines Menschen so einnimmt, dass man die gelebten Widersprüche entweder gar nicht wahrnimmt oder eisern ignoriert. Deswegen umkreisen wir scheu schielend die Klöster und die stillen Menschen dort, weil wir vermuten, dass in diesen Seelen und zwischen diesen Mauern noch ein Rest des Eigentlichen übrig sein könnte. Das meine ich nicht kitschig oder verklärt. Ich kenne zu viele Mönche und Nonnen, um nicht zu wissen, dass ich von draußen idealisierungsgefährdet draufschaue. Doch diese flüsternden Orte und Existenzen ziehen einen auf geheimnisvolle Weise an.

Großstädtische Weihnachtsmärkte flüstern nicht, sie brüllen. »Stille Nacht« mit 94 Dezibel, »Kling Glöckchen, klingelingeling« in Endlosschleife, bis einem schwindlig wird, »Leise rieselt der Schnee« im Spätsommerwinter des klimawandelbeheizten Europas. Nicht zuletzt der schwülstig besungene Tannenbaum, der nicht mehr nadelt, weil's von Plastikzweigen nichts zu nadeln gibt. Dieses unsinnige Ambiente brüllt genau jenes hinaus, was tief drinsteckt. So wie Weihnachtsmärkte aussehen, so leben viele Menschen ihr Weihnachten. Und Weihnachten ist doch der Inbegriff der Sehnsucht, die Chiffre für so viele unerfüllte Wünsche. Die Alle-Jahre-wieder-Hoffnung auf eine bessere Welt. Auf ein besseres Jahr. Oder auf ein besseres Mir oder: Ich. Die Hoffnung, dass was anders werden kann, wenn es nicht so bleiben kann, wie es ist. Die Zeit um Weihnachten und die ersten langsamen Tage im neuen Jahr stellen manchen Menschen vor große Fragezeichen. Weihnachten hinterfragt meist, ob die eigene, bisweilen idealisierte Vorstellung vom Leben mit der gelebten Wirklichkeit bisher übereinstimmt. Silvester und Neujahr werfen die Frage auf, wie's wohl werden wird – das kommende Jahr. So eigen diese Fragen auch sein mögen, so sehr hängen sie aneinander. Denn die ängstliche Beklommenheit vor dem, was auf einen zukommt, speist sich meist aus dem, was hinter einem liegt. Aber wie auch immer man das Gestern bewertet, das Morgen ist dem Zwang vergangener Tage nicht unterworfen. Das ist jedenfalls die Botschaft von Weihnachten.

Inseln schaffen im Alltag

Notker Wolf

Schweigen –
mich nur für diesen Augenblick
an einen ruhigen Ort zurückziehen
oder notfalls den Lärm ignorieren.

Die Augen schließen –
die Nachrichten und die Reklame
aus meinem Denken verbannen,
den Terminkalender vergessen,
das Handy und den Computer abschalten.

Loslassen –
nur für einen Moment
das ständige Kreisen meiner Gedanken
um all die unerledigten Dinge einstellen
und die Lösung der Probleme
guten Gewissens aufschieben.

Die eigene Mitte suchen –
jener Stimme in mir nachspüren,
die ich im Chaos des Alltags
oft nicht mehr hören kann.

Neue Kraft schöpfen
aus der Ruhe.

Im Advent lasse ich mich nicht stressen

Schwester Teresa Zukic

Als junge Ordensfrau arbeitete ich in einer Förderschule für Kinder mit Behinderung. In der ersten Adventswoche teilte ich ein Ausmalbild eines Adventskranzes aus. Alle Kinder griffen sofort zu ihren Farbstiften und begannen zu malen.

Alle Kinder? Nein, Thomas saß da und schaute den anderen Kindern beim Malen zu. Er war sieben Jahre alt. Eine Weile beobachtete ich den Jungen. Dann sprach ich ihn an.

»Warum malst du denn nicht? Gibt es dafür einen Grund? Kann ich dir irgendwie helfen?«

Thomas schüttelte den Kopf. Dann verschränkte er die Arme und sagte kurz und direkt: »Schwester, ich denke nach und in der Adventszeit lasse ich mich nicht stressen!«

Meine Güte, mit allem hatte ich gerechnet, aber nicht mit so einer Antwort. Ich lachte herzhaft und der aufgeweckte Junge lachte mit.

»Ja, Thomas, ein bisschen hast du Recht. In der Adventszeit haben die Menschen viel zu viel Stress. Nachdenken ist wichtig. Wir können alle etwas von dir lernen.«

Als seine Mutter ihn am Ende des Schultags abholen kam, berichtete ich ihr von der kleinen Begebenheit mit ihrem wundervollen Sohn. Auch sie lachte und strahlte.

Doch plötzlich hatte sie Tränen in den Augen. Da erzählte sie mir, wie froh sie war, dass es ihm zurzeit so gut ging. Sie hatte ihren Mann schon an Krebs verloren, als Thomas mit fünf Jahren an Leukämie erkrankte. Das war eine so schwere Zeit für sie. Sie musste immer mit der Angst leben, dass sie nach ihrem Mann auch noch ihren Sohn verlieren könnte. Eines Tages, als sie in seinem Krankenzimmer ihre Tränen nicht mehr zurückhalten konnte, fragte Thomas sie, warum sie denn so viel weine. Um sie zu trösten, schenkte er ihr ein Bild mit einer großen Sonne, das er gemalt hatte.

»Du brauchst nicht traurig sein, Mama«, hatte der kleine Junge gesagt. »Wenn ich einmal sterbe, gehe ich doch in die Sonne, dorthin, wo Licht ist.«

Thomas wurde wieder gesund. Das Bild mit der Sonne holt seine Mutter seitdem immer dann hervor, wenn sie wieder ein paar Lichtstrahlen voller Hoffnung in ihrem Leben gebrauchen kann.

In der Stille der **Nacht**
Vom Schweigen und Horchen

Stille Nacht

Joseph Mohr

Stille Nacht! Heilige Nacht!
Die der Welt Heil gebracht,
Aus des Himmels goldenen Höh'n
Uns der Gnaden Fülle lässt seh'n
Jesum in Menschengestalt!
Jesum in Menschengestalt!

Keine Angst vor der Stille

Anselm Grün

In der Stille verstummen die inneren Gespräche. Da muss ich nichts leisten. Da darf ich einfach sein, wie ich bin. Ich muss niemandem antworten, mich auf keinen einlassen. Ich bin einfach, ohne Erwartung, ohne Druck, ohne Anforderung von außen. Die Stille ist für mich reines Sein.

Sie heißt: Ich muss mich nicht beweisen. Ich muss nicht etwas Interessantes beitragen. Ich darf einfach nur da sein. Ich genieße schweigend die Mahlzeit, kaue langsamer, schmecke intensiver. Und ich nehme mich selbst und die andern ganz anders wahr.

Stille ist in der geistlichen Tradition etwas anderes als Schweigen. Schweigen ist mein eigenes Tun. Ich halte den Mund. Ich rede nicht. Ich versuche, auch meine Gedanken zum Schweigen zu bringen. Es ist eine Übung, die manchmal nicht so einfach ist. Denn wenn die Zunge stumm bleibt, ist es der Kopf noch lange nicht. Im Kopf redet es oft unaufhörlich.

Es bedarf der Übung, etwa der Meditation, mit jedem Ausatmen die Gedanken abfließen zu lassen, bis der Kopf langsam leer wird, bis ich in den Grund meiner Seele gelange, in den der Lärm der Gedanken keinen Zutritt hat.

Stille schenken

Hermann Glettler

Sich und anderen Stille schenken! Ich musste es
wieder lernen. In einer Phase konfliktreicher Aus-
einandersetzungen habe ich begonnen, mich spät-
abends neben meinem Bett hinzuknien und zehn
Minuten in Stille zu verbringen. In mir ist Ruhe ein-
gekehrt. Ohne große Anstrengung sind die erfreuli-
chen Momente des Tages aufgetaucht, aber ebenso
Situationen, die sich wie Niederlagen anfühlen. Die
Stille hilft mir, alles wahrzunehmen und ohne Be-
schönigung sein zu lassen.

»Stille schenken!« Sich selbst und anderen.
Menschen wurden ermutigt, im nervösen
Geschäft ihres Alltags eine reale Unter-
brechung einzubauen. Der Anstoß zu
dieser einfachen, aber doch so wirksamen
Kampagne im Winter 2021 kam vom Theo-
logen Otto Neubauer, der sich im Sinne Jesu un-
ermüdlich für Begegnung und Dialog einsetzt[6]. Mit

10-Sekunden-Stille-Videos wurde die Initiative in den Sozialen Medien verbreitet. Unter den Teilnehmenden entstand eine wertvolle Verbundenheit – heilsam alternativ zur immer spürbareren Zerrissenheit in der Gesellschaft.

Ein prominenter Unterstützer von »Stille schenken!« war der französische Schauspieler Philippe Pozzo di Borgo, der mit seinem Film »Ziemlich beste Freunde« ein Millionenpublikum erreicht hat. Nicht nur sein Schicksal einer Querschnittslähmung wird darin dargestellt, sondern vor allem die bewegende Freundschaft mit dem unprofessionellen Pfleger Driss, gespielt von Abdel Yasmin Sellou. Das Plädoyer von Pozzo di Borgo ist klar formuliert: Wir brauchen Stille, um wieder begegnungsfähig zu werden. Unsere zerrissene Gesellschaft kann sich nur erneuern, wenn wir im Anderen »seine Vielschichtigkeit, Zerbrechlichkeit und seinen Ruf nach Würde« neu entdecken. Nur in der Stille finden wir den Zugang zum »inneren Reichtum«, zur Mitte von uns selbst und zur Mitte unserer Nächsten. Begegnung wird möglich. Das Herz bezeichnet diese persönliche Mitte des Menschen. Sie wahrzunehmen, freizuräumen und freizuhalten, ist für uns alle ein Dauerauftrag.

Wo die Sprache verstummt

Notker Wolf

Lärm beengt,
Schweigen befreit.
Je stiller es
in dir wird,
desto näher kommst du
dem Geheimnis.

Wo die Sprache verstummt,
beginnt das Hören:
auf jenes Wort,
das aus der Ewigkeit heraus
gesprochen wird
– seit Anbeginn der Welt.

Die Welt sieht schwarz

Susanne Niemeyer

»Wir müssen Weihnachten reformieren.«

Der Engel schreckt aus seinem Schlaf. »Was? Wieso? Das ist doch gerade erst zweitausend Jahre alt.« Aus seiner Perspektive ist das ein Klacks. Er wüsste einiges, was man reformieren könnte. Seine Dienstkleidung zum Beispiel. Diese ewigen Flügel! Wenn es nach ihm ginge, könnte man gut darauf verzichten. Sie jucken und stauben und andauernd fliegen irgendwo Federn herum. Aber Weihnachten? Das mag doch jeder. Kerzen, Kekse und Geschenke. Selbst die hartgesottensten Skeptiker werden mild. Was so gut läuft, sollte man nicht ändern, findet der

Engel. Aber Gott der Herr schaut mürrisch drein. Ein solcher Blick verheißt nichts Gutes, das weiß der Engel aus Erfahrung. Genauso hatte er geguckt, bevor er den riesigen Turm umstieß oder die Ägypter im Meer versenkte. Der Engel beschließt, auf der Hut zu sein, und setzt ein besonders interessiertes Gesicht auf.

»Die Menschen glauben nicht mehr daran«, fährt Gott der Herr fort. »Sie verstehen nicht, was diese ganze Geschichte mit dem Stall und der Heiligen Nacht soll. Wie auch? Dazu müsste mal Stille sein. Und Zeit. Und Dunkelheit. Aber wer hat das schon? Stattdessen setzen die Kleinen auf einen albernen Kerl im roten Mantel und die Großen auf Amazon.«

Wieder mal ist der Engel überrascht, wie gut der Allmächtige informiert ist. Man kann einiges an ihm kritisieren, seine unberechenbaren Wutanfälle zum Beispiel oder seine allzu hohen Ideale, aber er geht mit der Zeit. Das muss man ihm lassen. »Wir könnten eine Sintflut schicken, nur eine kleine, die beseitigt diesen Kram«, schlägt der Engel vor, denn er hat grundsätzlich eine Vorliebe für den kurzen Prozess. Der macht am wenigsten Arbeit und ist effektiv.

»Doch nicht an Weihnachten«, schnaubt Gott und schaut den Engel an, als sei er ein lausiger Anfänger. »Hast du denn gar nichts verstanden? Da wollen die Leute Liebe und Frieden und keine Katastrophen!«

Der Engel hat in der Tat nur halbherzig mitgedacht. Er beeilt sich, einen weiteren Vorschlag zu unterbreiten: »Wie wäre es mit einem neuen Kind? Kinder gehen immer.« Dagegen lässt sich nun wirklich nichts sagen. Die Leute sind ganz verrückt nach glänzenden Äuglein und putzigen Kleidchen. Besonders an Weihnachten. Aber Gott scheint auch davon nicht überzeugt: »Und was mache ich nächstes Jahr? Ich kann mich doch nicht unendlich vervielfältigen. Da blickt ja kein Mensch mehr durch. Das mit dem Heiligen Geist kriegen sie schon nicht in ihre Köpfe. Übrigens: Wo steckt er schon wieder? Er soll mich inspirieren.« Der Engel zuckt mit den Schultern: »Du weißt doch, er weht, wo er will.« Gott der Herr nickt ergeben. Manchmal fragt er sich, ob hier eigentlich jeder macht, was er will. Er beschließt, sich später damit zu befassen. »Also weiter. Was fällt dir noch ein?« »Ein Wunder! Wie wäre es mit einem Wunder? Wunder mögen alle.« Aber Gott winkt müde ab. »Das haut auch keinen mehr vom Hocker. Seit es YouTube gibt, gelangen die tollsten Dinge in die Welt. Nichts, was es nicht schon gibt. Da kommen wir nicht gegen an.«

Der Engel reibt sich das Kinn und plustert seine Federn. Das tut er immer, wenn er nicht weiter weiß. Stille. Dunkelheit. Zeit. Woher nehmen, wenn nicht stehlen? Plötzlich springt er auf. »Aber natürlich. Stehlen. Wir stehlen ihnen den Strom!«

Gott der Herr sieht ihn verständnislos an. Der Strom, findet er, fällt nicht in sein Ressort. Keine schlechte Sache, aber er hat ihn nicht erfunden. Darum hat er sich bisher auch nicht um ihn gekümmert. Der Engel dagegen kann sich vor Begeisterung kaum

halten: »Wir drehen ihnen den Strom ab. Naja, zumindest den Alltagsstrom, den, den keiner wirklich
braucht. Die Krankenhäuser und die Fischfabriken,
die lassen wir außen vor. Aber sonst? Die Fernseher
haben Sendepause. Ihre Handys werden
aufhören zu empfangen. Kein Online-
kalender lässt sich mehr abrufen und
keine Ladenkasse scannt mehr über-
teuerte Sachen, die niemand braucht.
Kein Weihnachtsmarkt plärrt ›Last Christmas‹, keine
Glühweinwärmer, keine Lichterketten. Wenn alles
dunkel ist, haben wir leichtes Spiel. Sie werden sich
ein bisschen aufregen, aber dann werden sie nach
den echten Kerzen suchen, sich in warme Decken
wickeln, das Klavier aufklappen und sich an die alten
Lieder erinnern. Du könntest die Sterne funkeln lassen und ein paar Käuzchen losschicken. Im Dunkel
der Straßen werden sie sich an den Händen fassen,
sie hätten Augen füreinander und keine Schau-
fensterauslage lenkte sie ab. Hauch ein paar Eisblu-
men an die Scheiben, wirf ihnen Haselnüsse vor die

Füße. Sie werden sich an ihre Wünsche erinnern, die echten, die sie nicht bestellen können und die ihre Herzen warm machen, ganz ohne Heizstrahler. Hellhörig werden sie, wenn wir ihnen ins Ohr flüstern, dass wir da sind, der Himmel auf der Erde, in dieser Nacht.«

Der Engel strahlt. Gott auch. Er findet, das ist eine hervorragende Idee. Sie könnte direkt von ihm sein.

Und so kommt es, dass Gott der Herr, Lichtbringer von Anbeginn an, die Lampen löscht. Er unterbricht den ewig fließenden Strom der Nachrichten und Bilder, sodass die Welt schwarz sieht. Stille senkt sich über die Dächer, die Dunkelheit ist vollkommen. Und in dieser Dunkelheit findet sich Platz für einen neuen Anfang.

Die Stärke der Stillen

Lorenz Marti

Die lauten, selbstbewussten Draufgänger haben Geschichte geschrieben. Das ist seit Jahrtausenden so – und doch nur die halbe Wahrheit. Es braucht nämlich auch die anderen: die Leisen und Bedächtigen. Sie bleiben meist im Hintergrund, wie das so ihre Art ist. Doch ohne sie gäbe es uns heute nicht, wie ein Blick in die Geschichte der Evolution zeigt. Sie bilden den notwendigen Gegenpol zu den dynamischen Machern. Die beiden Temperamente benötigen einander und ergänzen sich. Man könnte meinen, dass jene, die nicht so viel Lärm veranstalten, es schwer hätten, sich im Überlebenskampf zu behaupten. Das sieht nach außen vielleicht so aus, stimmt genau besehen aber nicht. Nur ist die wahre Stärke der Stillen nicht so offensichtlich: Sie liegt in ihrem ausgeprägten Wahrnehmungsvermögen. Mit ihren feinen Antennen registrieren sie auch die unscheinbaren Signale und die leisen Zwischentöne.

Sie sehen, hören und spüren manches, was anderen entgeht. Sie stürmen nicht gleich los, sondern sammeln zuerst einmal Informationen, beobachten, überlegen und warten den geeigneten Augenblick ab, bevor sie handeln. Von außen gesehen mag ihr Verhalten zögerlich und ängstlich erscheinen, doch dieses behutsame Vorgehen hat sich im harten evolutionären Selektionsprozess als Vorteil erwiesen: Gefahren werden früher wahrgenommen, Entscheidungen sorgfältiger geprüft, Energien und Kräfte besser eingeteilt. Wer die Klippen kennt, kann sie umschiffen und kommt am Ende sicher ans Ziel.

Bei den Tieren ist es übrigens genauso. Auch sie brauchen die stillen Naturen in ihren Reihen. Evolutionsbiologen stellen fest, dass Herdentiere im Vorteil sind, wenn einige der Herdenmitglieder bei der Nahrungssuche regelmäßig innehalten und nach möglichen Feinden Ausschau halten. In vielen alten Kulturen haben die Herrscher vor wichtigen Entscheidungen Rat bei stillen Menschen gesucht, bei Weisen, Priestern und Künstlern. Diese verkörperten die Stimme von Klugheit, Vernunft und Phantasie. Ein König war wohlberaten, solche Menschen um sich zu haben, bevor er in den Krieg zog. Ob Tier oder Mensch: Die impulsiven Kämpfernaturen sind auf die sensiblen Artgenossen angewiesen – und umgekehrt. Es braucht beide. Ohne die Draufgänger, welche sich auf die Jagd gemacht haben, wären die Menschen verhungert. Und ohne die Bedächtigen, welche rechtzeitig das verdächtige Knacken im Gebüsch vernommen haben, hätte der Säbelzahntiger die Jäger gefressen. Beide Temperamente haben ihren Platz und ihre Bedeutung im evolutionären Prozess. Zusammen sind sie stark. In kritischen Momenten haben die Stillen viel zu sagen. Und was sie sagen, ist wohlüberlegt. Sie geben nicht vor, etwas zu wissen, wenn sie sich ihrer Sache nicht ganz sicher sind. Lieber stehen sie dazu, es nicht zu wissen. Ihre Skepsis schützt sie vor falschen Gewissheiten. Ihre Zurückhaltung bewahrt sie vor überstürzten Handlungen. Auch haben sie kaum die Tendenz, sich zu überschätzen. Im Gegenteil, sie neigen eher dazu, ihre Stärken und Möglichkeiten zu unterschätzen. Aufs Ganze gesehen verfügen sie über einen besseren Realitätssinn als ihre extrovertierten Zeitgenossen. Das hört sich jetzt nicht nur an wie ein Plädoyer für die Stillen – es ist auch eines. Ich bin da parteiisch, schließlich zähle ich mich selber zu ihnen. Nichts gegen die Extrovertierten und Lauten. Aber wir Introvertierten sollten uns im Vergleich mit ihnen nicht klein machen. Sie brauchen uns genauso, wie wir sie brauchen. Und es ist gut, wenn beide das wissen.

Mit den Stimmen der Brüder

Pater Philipp Meyer

Weihnachten ist das Fest der Emotionen, gerade für alle, die Musik lieben. Von *O du fröhliche* über *Jauchzet, frohlocket* bis hin zu *White Christmas* ist für jeden was dabei. Als Kirchenmusiker sind mir die wunderbaren Weihnachtslieder besonders lieb. Sie sind es vor allem, die durch ihre Melodien und Texte in eine gewisse Weihnachtsstimmung verhelfen können, leider oft schon viel zu früh, sodass man in der normalen Welt spätestens ab dem 26. Dezember vieles einfach nicht mehr hören kann.

Etwas anders verhält es sich da in der Liturgie, vor allem in der benediktinisch-, monastisch-klösterlichen. Dies musste ich bei meinem Klostereintritt 2006 aber auch erst verstehen und lieben lernen. Es ging schon damit los, dass in der Adventszeit in Maria Laach, analog zur Fastenzeit vor Ostern, die Orgel schweigt und Ein- und Auszüge zu den Gottesdiensten in stiller Würde vollzogen werden. Zur Zeit meines Eintritts gab es nicht einmal ein Adventslied am Ende der sonntäglichen Messe. Da Handy und Internet für einen Novizen tabu waren, war ich auf meine bescheidene CD-Sammlung angewiesen, um mich über die »musikfreie Zeit« hinüberzuretten. Doch die bisweilen herben und einmaligen Gesänge des Gregorianischen Chorals haben mich schon sehr fasziniert, vor allem in der Advents- und Weihnachtszeit. Jeden Tag anders, jeden Tag etwas Neues. Uralte Texte der Heiligen Schrift und beider Testamente wurden mit eigenen Melodien vor aberhunderten von Jahren vertont und tradiert und werden hier bis zum heutigen Tag gesungen. Die wenigsten wissen, wie viele Advents- und Weihnachtslieder textlich und melodisch im Gregorianischen Choral ihr Vorbild haben.

Dann kam am Heiligen Abend 2006 die Feier der Weihnachtsvigil – zum ersten Mal in meinem klösterlichen Leben durfte ich diesen Gottesdienst mitfeiern, unter dem ich mir noch nicht viel vorstellen konnte. Zur Vesper am Heiligen Abend ist unsere Abteikirche übervoll, hunderte Gottesdienstbesucherinnen und -besucher feiern mit uns Mönchen unsere lateinische Vesper; es gibt eine kurze Predigt, um auf die Heilige Nacht einzustimmen – natürlich in deutscher Sprache.

Doch schon im nächsten Gottesdienst, den Vigilien der Heiligen Nacht, sind wir Mönche fast allein in unserer romanischen Abteikirche. Die Weihnachtsbäume sind schlicht und schön beleuchtet, alle Apostelleuchter sind entzündet, der Weihrauchduft der Vesper hängt noch im Raum, und wir Mönche ziehen zu ruhiger Orgelmusik ein. Dann, nach der Eröffnung, werden die ersten Psalmen angestimmt, vorbereitet durch kurze Orgelimprovisationen, welche die Texte der Antiphonen musikalisch nachzeichnen: »Ihr Tore, hebt eure Häupter, hebt euch, ihr uralten Pforten, denn es kommt der König der Herrlichkeit!« (aus Psalm 24). Oder: »Wie ein Bräutigam geht der Herr hervor aus seinem Gemach« (nach Psalm 19). Oder:

»Der Herr hat bekanntgemacht sein Heil« (aus Psalm 98). Die Psalmen werden auf den Herrn hin gedeutet, der in dieser Nacht geboren worden ist. Natürlich, die *Stille Nacht* geht irgendwie direkter unter die Haut. Aber für mich war es unbeschreiblich bewegend, zum ersten Mal an Weihnachten als Novize inmitten der Mönche singen zu dürfen, eins zu werden mit den Stimmen der Brüder, darum wissend, dass auch hier in Maria Laach seit fast tausend Jahren das Lob Gottes gesungen, die Heilige Nacht gefeiert und die Geburt des Herrn durchbetet und verkündet wird. Die alten Melodien ermöglichten mir, auf ganz andere, ganz neue und ganz unaufgeregte Weise ins Weihnachtsfest zu finden, vielleicht weniger emotionsgeladen, dafür aber tiefer berührt. Die einzigartige Kombination von Wort und Ton, wie sie der Gregorianische Choral zusammenführt, hat mich erfasst und mir das Weihnachtsgeheimnis auf eine neue Weise, irgendwie aus einer anderen Perspektive erschlossen. Eben nicht mit Musik, die, so schön sie auch ist, allein schon dadurch zu verflachen droht, weil sie spätestens seit Anfang November in jedem Konsumtempel rauf- und runterläuft. Anders mit der Musik der Liturgie, der Kirchenmusik. Sie hat ihren ganz ureigenen Platz. Sie schenkt einen Blick auf Weihnachten jenseits von Lametta und Glitzer. Und jedes Jahr freue ich mich, gemeinsam mit meinen Brüdern zu singen, was die Mönche in Maria Laach und überall auf der Welt schon vor 50, vor 500 und auch vor 1500 Jahren gesungen haben. So kann für mich und für uns als Gemeinschaft Weihnachten werden, wenn es wirklich dran ist. Und dann können wir die Festtage auch echt genießen – weit hinaus über den 26. Dezember.

Hilf mir wiegen mein Kindelein

Vom Fest der Familie

Joseph, lieber Joseph mein

Mönch von Salzburg

Joseph, lieber Joseph mein,
hilf mir wiegen mein Kindelein!
Gott, der wird dein Lohner sein
im Himmelreich, der Jungfrau Sohn Maria.

Gerne, liebe Muhme mein,
helf ich dir wiegen dein Kindelein!
Gott, der wird mein Lohner sein
im Himmelreich, der Jungfrau Kind, Maria.

Die Heilige Familie gibt's nur im Dreierpack!

Andrea Schwarz

Vor einiger Zeit wollte ich in einem Geschäft in Mainz eine Krippenfigur des heiligen Josef kaufen, die ich zu einem ganz bestimmten Zweck brauchte. Ich war mir ein bisschen unsicher, ob man Krippenfiguren auch einzeln kaufen kann – und fragte vorsichtig nach. »Doch«, antwortete die Verkäuferin, »natürlich kann man Krippenfiguren auch einzeln kaufen!« – »Auch den heiligen Josef?« – »Nein, den natürlich nicht! Die Heilige Familie gibt's nur komplett!«

Ob ihr wohl bewusst war, welch wichtige Glaubens-aussage sie da so einfach dahingesagt hatte? Die Heilige Familie gibt's nur komplett, sozusagen im Dreierpack ... Josef geht nicht ohne Maria und das Kind, das Kind nicht ohne seine Eltern, Maria nicht ohne Josef und das Kind.

Zugegeben – in dieser Dreier-Konstellation scheint Josef die unbedeutendste Rolle bekommen zu ha-ben – er wird in der Regel als alter Mann dargestellt, der, die Laterne in der Hand, ein wenig abseits steht, als ob er nicht so recht wüsste, wie ihm geschieht. Den meisten Christen ist die Verkündigungsszene des Engels an Maria, wie sie im Lukasevangelium beschrieben wird, erheblich vertrauter als die Stelle aus dem Matthäusevangelium, in der sich der Engel direkt an Josef wendet – und irgendwie, man weiß sowieso nicht so recht, was man eigentlich von die-sem Mann zu halten hat, der eine schwangere Frau zu sich nimmt, obwohl er sicher weiß, dass er nicht der Vater des Kindes ist. Josef – das scheint der gro-ße Unbekannte im ganzen Spiel zu sein ...

Aber – die Heilige Familie gibt's nur im Dreierpack. Und dass wir dem heiligen Josef so wenig Beachtung schenken, könnte vielleicht auch damit zu tun haben, dass das Bild von Maria und ihrem Sohn ein bisschen netter und freundlicher zu sein scheint als dieser eher etwas herbe Mann, der sich unserem Verstehen ein wenig entzieht.

Es lohnt sich, einmal einen genaueren Blick in die beiden Evangelien zu werfen, die von der Geburt Jesu erzählen, das Lukas- und das Matthäusevangelium. Das Lukasevangelium setzt, deutlicher als alle anderen Evangelien, seinen Hauptakzent auf die befreiende Botschaft für alle Armen und diejenigen, die im Leben zu kurz gekommen sind. Dies wird auch schon in den Kapiteln deutlich, die von der Geburt Jesu erzählen – der Engel kommt zu Maria, zu einer Frau, die zur damaligen Zeit aufgrund ihres Geschlechtes weniger galt als ein Mann. Maria wird zur Hauptperson bis hin zu ihrem Lobgesang an Gott, unter anderem mit den Worten: »Er stürzt die

Mächtigen vom Thron und erhöht die Niedrigen.«
Und schließlich die Botschaft der Geburt Jesu durch
die Engel an die Hirten, auch eine Gruppe im damaligen Israel, die nicht besonders geachtet war. Die
Linie wird konsequent durchgetragen – Gottes Botschaft der Erlösung gilt all denen, die unfrei sind, die
ungerecht behandelt werden, denen die
Würde ihres Mensch-Seins nicht zuge-
standen wird.

Ganz anders dagegen wird die Linie
im Matthäusevangelium gezogen: Dort
wird die Geschichte der Geburt Jesu so erzählt, dass deutlich wird, dass sich in Jesus Christus
das Kommen des Messias erfüllt hat, dass in ihm die
Prophetenworte wahr werden, dass er der König ist,
dem Verehrung entgegengebracht wird. Deshalb
tauchen hier auch keine Hirten auf, sondern mäch-
tige und weise Männer aus dem Osten, die dem
neugeborenen König der Juden kostbare Geschenke
überbringen wollen, deshalb die Flucht nach Ägypten, damit sich wiederum ein Schriftwort des Alten

Testamentes erfüllt – und deshalb steht auch Josef im Matthäusevangelium eindeutig im Vordergrund des Geschehens, da er aus einem königlichen Geschlecht stammt. Maria wird hier nur am Rande erwähnt. Bei Matthäus will sich Josef von Maria trennen, nimmt sie aber auf Weisung des Engels dann doch zu sich, aufgrund einer Botschaft flieht er mit Maria und dem Kind nach Ägypten, um schließlich, als die Gefahr vorbei ist, wieder nach Israel zurückzukehren. Hier ist es eindeutig Josef, der der Handelnde ist, mit dem Gott durch seine Engel in Verbindung steht, der ihm seine Weisungen gibt, der für Jesus als gesetzlicher Vater einsteht und für ihn seinen Namen hergibt, der aufgrund seiner Abstammung die königliche Herkunft Jesu bezeugt ...

Beide, Matthäus und Lukas, haben recht mit dem, was sie sagen – und die Volksfrömmigkeit hat immer schon darum geahnt, dass es um etwas Tieferes gehen mag als um bloße Fakten, wenn die Hirten aus dem Lukasevangelium an der Krippe friedlich vereint bei den Heiligen Drei Königen aus dem Matthäusevangelium stehen und dazwischen Ochs und Esel, die in gar keinem der beiden Evangelien zu finden sind, sondern wiederum aus einem Vers des Propheten Jesaja (Jesaja 1,3) kommen. So spielt bei Lukas Maria die Hauptrolle, bei Matthäus Josef – und beide werden als im Dienst Gottes stehend beschrieben, sie haben ihre je eigene Aufgabe, um das Kind zur Welt zu bringen, zu schützen, ihm einen Namen zu geben, ein Elternhaus, um es alles Menschliche von Kind an erleben zu lassen.

Maria und Josef

Beatrice von Weizsäcker

Ich brauche Menschen, um zu leben. Die ich sehe
und höre. Die mir begegnen und mich begleiten.
Die zu Sakramentsmenschen werden zum Beispiel.
Aber auch andere. Solche, die ich um Fürsprache
bitten kann. In der katholischen Kirche gibt es sie. Es
sind Heilige und Namenspatrone. Sie haben keine
göttliche Kraft. Aber sie können mir helfen, wenn
es mir schwerfällt, mich an Gott zu wenden. So neu
diese Erfahrung für mich anfangs war, so befreiend
wurde sie.

Meine Namenspatronin ist Beatrice von Tienen,
von der ich vorher noch nie etwas gehört hatte. Sie

war die Tochter einer flämischen Bürgerfamilie und verließ ihr Leben im Wohlstand, um Nonne im Zisterzienserinnenkloster Bloemendaal zu werden. Sie verfasste mehrere Schriften und gilt als Mystikerin. Am 29. August 1268 starb sie. Seit meiner Firmung ist das mein Namenstag.

Mir gefällt, dass München einen Stadtpatron hat, den Heiligen Benno, das Bistum München und Freising einen Schutzpatron, den Heiligen Korbinian, und Bayern eine Schutzfrau, die Maria.

Seit ich denken kann, mag ich Maria, die mir immer schon näher war als viele(s) andere in der Kirche, die ich in der evangelischen aber nie fand. Was sie für meinen Glauben bedeutet, erfuhr ich jedoch erst nach der Konversion. Zwar wusste ich vorher, dass sie die Mutter Jesu war, natürlich, wer weiß das nicht? Doch erst als Katholikin erkannte ich, dass sie auch meine Verbindung zu Gott ist, weil Gott durch sie Mensch geworden ist, ganz so wie es in der Bibel steht: *Gott sandte seinen Sohn, ge-*

boren von einer Frau. (Gal 4,4) Maria war es, die die Menschwerdung Gottes überhaupt erst ermöglichte. Sie hätte sich auch gegen den Plan Gottes stellen können. Das tat sie aber nicht. An Maria zeigt sich, dass Gott sich nicht aufdrängt, dass er mir auch den Glauben an ihn nicht aufdrängt. Aber immer da ist. Maria ist eine Brückenbauerin zwischen Gott und mir.

Ich mag auch den Josef, ihren schweigsamen Gefährten, der sich – voller Rücksicht auf Maria – in aller Stille von ihr trennen will, als er hört, sie sei schwanger. Bis ihm im Traum ein Engel erscheint, der ihm sagt: *Josef, Sohn Davids, fürchte dich nicht, Maria als deine Frau zu dir zu nehmen; denn das Kind, das sie erwartet, ist vom Heiligen Geist.* (Mt 1,20) Und er fürchtet sich tatsächlich nicht.

Dieser Josef, der immer zu kurz kommt, der nie im Rampenlicht steht, obwohl er Jesus und Maria rettet, der einen Stall herrichtet, nachdem er in Bethlehem keinen Ort findet, wo Maria gebären kann, und schließlich mitten in der Nacht die Flucht nach

Ägypten organisiert, um Herodes zu entkommen. Josef, »dieser unauffällige Mann, dieser Mensch der täglichen, diskreten und verborgenen Gegenwart«, wie Papst Franziskus einmal sagte … dieser Josef ist meine eigentliche Lieblingsgestalt in der Weihnachtsgeschichte. Weil er so fein ist und so unbeachtet.

Zeit der Versöhnung

Christa Spannbauer

Kein anderes Fest löst so intensive Gefühle aus und trägt damit so viel emotionalen Sprengstoff in sich wie das Weihnachtsfest. Denn gerade am Fest der Liebe, zu dem sich die Familie versammelt, werden unweigerlich auch alte Kränkungen und Verletzungen getriggert. Unsere geliebte Familie ist nun mal unsere empfindsame Achillesferse. Denn Kränkungen seitens der Menschen, die wir lieben, gehen besonders tief. Und an diesen mit so viel Bedeutung und Erwartung aufgeladenen Weihnachtstagen sind wir auch noch dünnhäutiger als sonst. Ein falsches Wort zur falschen Zeit kann dann eine Familienkatastrophe auslösen. Alle Jahre wieder kommt es daher in so manchen Familien zu dramatischen Szenen unter dem Weihnachtsbaum. Frühe Familienmuster werden aktiviert, alte Konflikte brechen auf und Verletzungen aus der Kindheit beginnen erneut zu schmerzen. Längst als überwunden geglaubte Kränkungen seitens der Eltern stehen plötzlich wieder im Raum und alte Rivalitäten unter Geschwistern erwachen zu neuem Leben. Denn wieder ist es das Geschenk der kleinen Schwester, welches die Augen der Mutter zum Leuchten bringt, wieder ist es der große Bruder, der die anerkennenden Worte des Vaters erntet. Jeder scheint nahezu traumwandlerisch den Platz im Familiengefüge einzunehmen, den er damals schon am Familientisch hatte. Und damit ploppen die alten Verhaltensmuster hoch, die man längst überwunden glaubte.

Überlegen Sie sich daher bereits heute: Was könnte ich dieses Jahr anders gestalten, damit ich an den Weihnachtstagen nicht wieder in alte Kindheitsmuster verfalle? Wie kann ich mich den anderen als der reife Mensch zeigen, der ich mittlerweile bin? Manchmal helfen hierfür schon kleine, doch symbolisch wichtige, Veränderungen: indem Sie etwa Ihren angestammten Platz an der Familientafel für einen anderen eintauschen. Ihr Platzwechsel hat Auswirkungen auf das ganze Familiengefüge, da nun auch die anderen von ihrem mit Erinnerungen befrachteten Platz rutschen müssen. Festgefahrene Strukturen kommen in Bewegung und für alle eröffnen sich neue und unerwartete Perspektiven.

Fragen Sie sich bei der Gelegenheit auch einmal: Gibt es Menschen in meiner Familie, denen ich noch etwas übel nehme? Gibt es etwas Unausgesprochenes und Ungeklärtes, das ich vor Weihnachten noch klären sollte? Habe ich einen anderen verletzt und mich dafür noch nicht entschuldigt? Wurde ich von einem Menschen aus meiner Familie gekränkt und grolle diesem heute noch?

Gekränkte Gefühle, denen wir keine Aufmerksamkeit schenken, tendieren dazu, im Verborgenen ihr Unwesen zu treiben. Machen Sie sich bewusst: Gefühle gehen nicht weg, indem wir sie ignorieren. Sie tauchen ab und warten auf die bestmögliche Gelegenheit, um zum großen Showdown anzutreten. Und was würde sich dafür besser eignen als die festlich geschmückte Weihnachtstafel, um als Überraschungsgast zu erscheinen und ein Drama zu inszenieren?

Wenden Sie sich daher mitfühlend dem Schmerz im eigenen Herzen zu und gehen Sie fürsorglich und sanft mit sich selbst um. Damit nehmen Sie der Kränkung ihre Macht über Sie. So kann Veränderung geschehen und die Befreiung aus dem Kreislauf von Wut, Ohnmacht und Bitterkeit beginnen. Machen Sie sich bewusst: Sie selbst tragen den Schlüssel zur Vergebung in der Hand. Vergebung ist ein Akt der Stärke. Und ein Akt der Liebe. Vergebung ist gelebte Weihnacht.

Auf der Suche nach der Freude

Schwester Teresa Zukic

An einem Morgen war die Freude abhandengekommen. Niemand wusste, wie das passieren konnte.
Schon früh wurde die Eilmeldung über alle Kanäle in allen Ländern verbreitet. Sofort wurde getwittert und sie wurde millionenfach geteilt. Alle waren entsetzt und außer sich. Per Liveticker konnte man die Reaktionen auf der ganzen Welt mitverfolgen. Sondermeldungen unterbrachen die laufenden Sendungen. Die Staatsoberhäupter der Länder versuchten die Menschen zu beruhigen, dass man

alles Menschenmögliche versuchen werde, um die Freude wiederzufinden. Alle staatlichen Behörden, die Armeen, die Polizei und der Katastrophenschutz waren in Ausnahmezustand versetzt worden. Sogar die besten Spürhunde wurden angesetzt. Man bat die Bevölkerung, sich dringend an der Suche zu beteiligen.

Jeder machte einen anderen dafür verantwortlich. »Ohne die Freude kann man doch nicht leben«, sagten die einen. »Das ist das Ende der Welt«, prophezeiten die anderen. »Kein Wunder, bei so vielen schlechten Nachrichten tagein, tagaus«, riefen manche. »Aber wenn keine Freude mehr da ist, kann man ja auch niemandem mehr eine Freude machen!« – »Ohne Freude wäre das Leben nicht mehr lebenswert.« – »Vielleicht sollte man zu dem Tag zurückkehren, wo sie noch da war«, spekulierten manche, »und die Ursache suchen.«

Die besten internationalen Spezialisten und Wissenschaftlerinnen, darunter Psychologinnen, Philosophen und sogar Tiefseetaucher, wurden darauf angesetzt. Gelder in Millionenhöhe wurden aus allen Teilen der Welt zur Verfügung gestellt. Aber die Freude blieb verschwunden. Eine weltweite Umfrage ergab, dass es früher in der Adventszeit und an Weihnachten anscheinend am meisten Gefühle der Freude gegeben hatte.

Aber warum? Zu keiner Zeit wurden mehr Lichter oder Kerzen angezündet. Die Städte wurden mit Lichterketten geschmückt und manche gaben ein Vermögen aus, um ihre Häuser zu beleuchten. Nie wurde mehr gespendet, nie mehr Geschenke eingekauft und verschenkt, nie aufwendiger gekocht als am Weihnachtsfest. Kritische Stimmen erinnerten aber auch an einen ungeheuren Stress, den sich die Menschen machten, bis alle Geschenke besorgt und alle Weihnachtsgrüße verschickt worden waren, die Weihnachtsplätzchen gebacken und der Tannenbaum geschmückt war. Ja, viele kreuzten in den rasch erstellten Umfragebögen an, dass sie um Weihnachten herum sentimentaler waren als an den übrigen Tagen im Jahr.

Aber niemand erinnerte sich daran, warum man dies alles vor Weihnachten tat. Was war der eigentliche Grund, sich gegenseitig zu beschenken und diesen Aufwand zu betreiben?

Eine Kommission fand zum Erschrecken aller heraus, dass die Freude nichts war, was auf der Erde zu finden oder herzustellen sei. Man kam zu dem Ergebnis, dass sie außerhalb des Irdischen ihren Ursprung hatte. Sie war einfach ausgestorben, weil die Menschen vergaßen, wo sie hergekommen war.

Astronomen entdeckten schließlich, dass ein kleiner Komet, ein Stern vor 2000 Jahren, auf unerklärliche Weise manche Sterndeuter aus der Fassung gebracht hatte. Nach ihren Recherchen hatte der Stern gelehrten Männern den Weg zu einem armseligen Stall in einem Kaff nahe Bethlehem gewiesen. Eine alte Legende berichtete von einem Engel, der Hirten erschienen sei und gerufen habe: »Fürchtet

euch nicht! Ich verkünde euch eine große Freude!«
Der Retter sei da. Im Stall in Bethlehem sei ein Kind
geboren worden, um Licht in die Welt zu bringen.
Da war also die echte Freude der Erlösung zum ersten Mal aufgetaucht. Sie war das größte Geschenk,
das Gott den Menschen auf der Erde gemacht hatte.
Diese Entdeckung schlug ein wie eine Bombe. Es
wurde recherchiert und in einem alten Buch, Bibel
genannt, las man die Geschichte vom Ursprung der
Freude des Weihnachtsfestes nach – alle waren außer sich.

Die Menschen besannen sich nun wieder auf das
Kind in der Krippe – und so kam die Freude zurück.
In diesem Jahr verzichtete man auf der gan-
zen Welt auf den Weihnachtsrummel.
Mit dem Geld, das zur Verfügung ge-
stellt wurde, wurde der Hunger auf der
Erde beseitigt, Feinde wurden Freunde,
Kriege wurden beendet und man begann
sorgsamer mit der Welt umzugehen. Überall leuch-
teten Kerzen als Zeichen, dass die Freude von nun

an unsterblich ist. Die Menschen trafen sich in den Kirchen und versammelten sich auf den Plätzen um die Krippe, um sich vom Jesuskind, vom Bobbelchen, die Freude wieder schenken zu lassen.

Von nun an wurde sie als heiligster Schatz sorgsam aufbewahrt. Die Menschen wussten jetzt: Jesus, der Retter der Welt, war der Grund aller Freude. Das würde die Menschheit nie wieder vergessen.

So wie früher

Anselm Grün

Jede Familie hat ihre eigenen Weihnachtsrituale. Es sind nicht nur adlige Familien, die hier eine lange Tradition haben und in denen die Rituale seit Hunderten von Jahren immer in der gleichen Weise vollzogen werden. Auch junge Familien erinnern sich daran, wie es »früher« zu Haus war. Gemeinsames Singen gehört genauso dazu wie ein bestimmtes Essen oder die Art, wie der Baum geschmückt und die Krippe aufgestellt wird. Offensichtlich besteht ein Bedürfnis, Weihnachten nicht nur als kurzen Event zu feiern, sondern als ein durch bestimmte Formen geprägtes Fest, das uns mit unseren Vorfahren verbindet. Rituale und feste Bräuche geben Sicherheit und Halt. Wir sind getragen von einer langen Kette von Ahnen. Sie haben Weihnachten genauso gefeiert wie wir. Wir möchten in unseren Ritualen teilhaben an ihrem Glauben. Wir möchten genauso berührt sein vom Geheimnis der Menschwerdung

Gottes wie sie. Ihr Glaube soll unseren Glauben stärken. Und wir möchten unsere Identität erfahren. Wir sind nicht nur Menschen dieser Zeit, sondern hineingestellt in eine lange Reihe von Generationen. Wir haben teil an ihrer Kraft, an ihren Werten, an ihrer Liebe. Mit ihnen unterscheiden wir Weihnachten von der Alltagszeit. Mit ihnen verwandeln wir unsere Zeit, verbinden uns mit dem Quell der Freude in der Erinnerung an die »freudenreiche Geschichte«, die mit der Geburt Christi begann.

Krippe und Kreuz

Abt Johannes Schaber

In manchen Jahren stand ich an Heiligabend am of-
fenen Fenster meines Zimmers und schaute vom
Kloster hinunter auf die Dächer von Ottobeuren. In
25 Jahren pastoraler Arbeit kenne ich hier viele Menschen. Ich weiß um Lebens- und Familiengeschich-
ten, um Freud und Leid. In manchen Jahren ging ich
durch den Kneipp-Aktiv-Park, von dem aus man
auch gut auf die Dächer von Ottobeuren schauen
kann, oder ich lief durch die Straßen. Wie eng lie-

gen in den Häusern die Freude, aber auch die Zerwürfnisse in der Familie und die Einsamkeit in dieser Nacht manchmal beieinander.

In solchen Momenten wird mir immer besonders klar, dass Jesus Christus nicht deshalb Mensch wurde, damit sich eine romantische Stimmung über das Land legt, Familien einen Anlass haben, über die Festtage wieder einmal zusammenzukommen, oder damit die Kinder Schulferien haben und die arbeitende Bevölkerung zum Jahresende ein paar freie Urlaubstage bekommt. Nein, Gott ist in Jesus Christus Mensch geworden, um uns während unseres Lebens im Glauben Orientierung, Halt und Heil zu schenken und um uns über unser Leben hinaus den Weg zur Vollendung in Gott zu eröffnen. Was für ein Geschenk an uns Menschen, die Menschwerdung Gottes, die wir an Weihnachten feiern. Aber die Krippe und das Kreuz gehören zusammen. Zum Fest der Menschwerdung Gottes in Jesus Christus gehören untrennbar sein Tod am Kreuz und seine Auferstehung an Ostern. Erst dann enthüllt sich uns der volle Sinn des Weihnachtsfestes. Deshalb gewinnen die weihnachtlichen Gebete, Hymnen und Lieder erst an Tiefe, wenn wir sie vor dem Hintergrund unserer menschlichen Lebenssituationen im Blick auf Ostern verstehen.

Zur **Krippe** her kommet

Vom Kind im Stroh

Ihr Kinderlein, kommet

Christoph von Schmid

Ihr Kinderlein, kommet, o kommet doch all!
Zur Krippe her kommet in Betlehems Stall,
und seht, was in dieser hochheiligen Nacht
der Vater im Himmel für Freude uns macht!

O seht in der Krippe, im nächtlichen Stall,
seht hier bei des Lichtleins hellglänzendem Strahl,
in reinlichen Windeln, das himmlische Kind,
viel schöner und holder, als Engel sind.

Weihnachten ist eigentlich ganz anders

Andrea Schwarz

Wenn man genau hinschaut, dann ist Weihnachten eher ein ziemlich erbärmliches Fest. Ein kleines Kind kommt in einem dreckigen Stall zur Welt, die Elternschaft scheint reichlich ungeklärt, und gleich nach der Geburt muss die Familie die Flucht ergreifen, um das Kind vor dem sicheren Tod zu retten. Und gut dreißig Jahre später endet die Geschichte dieses Kindes damit, dass es brutal am Kreuz hingerichtet wird.

Mit dem Tod am Kreuz aber endet es eben gerade nicht – sondern die Geschichte fängt damit eigentlich erst an und entwickelt sich zu einer Weltreligion. Christen glauben daran, dass vor gut zweitausend Jahren in diesem Kind Gott als Mensch zur Welt kommt, um uns ganz nahe zu sein. Wenn Gott uns aber ganz nahekommen will, dann ist da nicht nur Lachen, Freude, Glücklichsein. Menschliches Leben ist mehr. Dazu gehören auch Weinen, Angst und Hoffnungslosigkeit, dazu gehören der Tod und manchmal auch der Dreck im eigenen Stall. Wenn Gott zur Welt kommt, dann kommt er nicht nur in die nette, schöne und heile Welt, die wir in den Wochen vor Weihnachten inszenieren, sondern dann kommt er gerade auch in diese dunkle Welt, in der Menschen keinen Ausweg mehr wissen, auf der Flucht sind, verhungern, hingerichtet werden. Dann kommt er zu Menschen, die einsam sind und von Angst besetzt, nicht wissen, wie sie die nächste Miete bezahlen sollen, wann sie das nächste Mal

eine warme Mahlzeit bekommen. Dann kommt er zu den Menschen, deren Träume gescheitert sind, die an ein Beatmungsgerät angeschlossen sind, deren Diagnose »nicht mehr heilbar« heißt.

Gott kommt nicht zu den Reichen, Starken, Schönen, um mit ihnen rauschende Feste zu feiern, sondern er kommt zu den Kleinen, Armen, Schwachen. Er kann die Dunkelheiten, in denen wir Menschen leben, nicht wegnehmen, aber er begibt sich selbst mit hinein, als Kind in der Krippe, als Sterbender am Kreuz, um uns zu sagen: »Ich liebe euch so sehr, dass ich euch nicht allein lasse!«

Dieser Gott erbarmt sich unser, indem er selbst Mensch wird und all diese Dunkelheiten unseres Mensch-Seins auf sich nimmt, um uns ganz nahe zu sein.

Und begonnen hat das damals vor gut zweitausend Jahren in Betlehem. Das ist der eigentliche Anlass, warum wir Weihnachten feiern. Und deshalb ist Weihnachten ein ziemlich erbärmliches Fest – weil Gott sich unser erbarmt. Ein Weihnachtsfest, das die

Dunkelheiten ausklammert, ergibt eigentlich keinen Sinn. Und die künstlichen Lichter, die wir großzügig installieren und anschalten, können nur oberflächlich über diese Dunkelheiten hinwegtäuschen. Weihnachten ist eigentlich ganz anders.

Mitten im Stroh leuchtet Gottes Liebe

Erzabt Wolfgang Öxler

An Weihnachten gehen in der Klosterkirche in St. Ottilien die Strohsterne auf. Diese Strohsterne lassen den Kirchenraum in einer wunderbaren Weise erstrahlen. Bei der Vesper, einer Gebetszeit des Klosters mit einer kurzen Ansprache, ist unsere Kirche übervoll besetzt.

Stroh und Stern – größer kann der Unterschied nicht sein. Der Stern verweist auf das Himmlische und Unvergängliche, das Stroh auf das Irdische und Vergängliche. Und diese beiden Gegensätze verbinden sich in der Weihnachtsgeschichte und in den

Strohsternen, die hier an unseren Weihnachtsbäumen hängen. Stroh und Stern verbinden sich und werden zum Weihnachtszeichen. Sie werden zum Ausdruck für das, was an Weihnachten geschieht: Himmel und Erde verbinden sich.

Das Jesuskind lag auf Stroh wie alle armen Leute. Ein wahrlich »heruntergekommener« Gott! So weit unten würde man Gott niemals suchen. Wir suchen Gott oft nur da, wo es glänzt – aber er ist da, wo es dunkel ist und Nacht. Mitten im Stroh und Mist dieser Welt leuchtet Gottes Liebe sternenhell auf. Heinrich Heine dichtet mal über die Liebe: »Du fragst, mein Kind, was Liebe ist? Ein Stern in einem Haufen Mist!« – Denken wir an Menschen, die sich im Mist ihres Leben nicht mehr zurechtfinden. Denken wir an Menschen, die durch Krankheit und Krieg in große Not geraten sind.

Den Menschen bleibt manchmal nur noch ein Strohhalm, an den sie sich klammern können. Doch: Hoffnung kann tragen. Ein Strohhalm kann zum Stern werden.

Wer der Botschaft des Strohsterns folgt, findet das Wichtigste im Leben: den Heiland, den, der das Zerbrochene heilt, das Versagen vergibt und einen Neuanfang ermöglicht. Der aus dem Stroh, aus dem Abfall unseres Lebens einen leuchtenden Stern machen kann.

In der Weihnachtsgeschichte wird aus Stroh kein Gold gesponnen wie im Märchen von Rumpelstilzchen. Es ist keine Spinngeschichte, sondern da kommt der Glanz des Himmels in das Stroh dieser Erde hinein. Das ist die Botschaft von Weihnachten: In das Stroh deines Lebens kommt der Glanz des Himmels, wenn du Gott einlädst, wenn du JESUS einlädst.

Mensch werden

Notker Wolf

Mensch werden:

Das Herz öffnen
und die Hände,
empfangen
und geben.

Lichter setzen
im Dunkel.

Selbst zum
Licht werden.

Eins werden
mit dem Licht.

Sich von Gott umarmen lassen

Hermann Glettler

Ich erzähle kurz von einem Besuch im Hospizhaus Tirol. Meist werde ich durch die Begegnungen an diesem besonderen Ort selbst beschenkt. Die Schönheit und Zerbrechlichkeit unseres Lebens stehen einem dort gleichzeitig vor Augen. Die verbleibende Lebenszeit wird für die Betroffenen und ihren Angehörigen oftmals zur wertvollen Schule einer wiedergefundenen Verbundenheit, die unendlich heilsam ist – vermutlich das treffende Wort für den sozialen Blutkreislauf, in dem wir uns befinden. An jedem Heiligen Abend feiere ich in der Hospizeinrichtung einen Gottesdienst. Es herrscht meist eine unaufgeregte, ehrliche und sehr berührende Stimmung. In der Mitte steht das Weihnachtsevangelium. Unsere Aufmerksamkeit fällt nicht zufällig auf die Schwäche und Verwundbarkeit des Kindes. Gott, der Allerhöchste, teilt durch Jesus mit uns ein

Leben, das niemand souverän in der Hand hält. Uns Menschen zeichnet die gleiche Zerbrechlichkeit aus – sie verbindet uns.

Es war mein erster Weihnachtsgottesdienst dieser Art, als mich eine von Krebs im Endstadium gezeichnete Patientin bei der abschließenden Einzelsegnung zu sich hinzog und mir leise zuflüsterte: »Eine Umarmung bitte!« Selbstverständlich war dies möglich, die tiefe Sehnsucht und ehrliche Bitte hat mich bewegt. Bedeutet nicht Glaube, sich von Gott umarmen zu lassen? Ich habe es selbst neu verstanden. Der spirituelle Blutkreislauf muss wahrgenommen und belebt werden. Wenn er austrocknet, verkümmert der Mensch. Eine heilsame Verbindung mit Gott ist für ihn lebensnotwendig. Und nicht vergessen: Umarmungen sind eine körperlich, seelisch und geistig spürbare Wohltat. Sie nähren das Herz!

Du bist mein Kind

Heiner Wilmer

Am Anfang der Begegnung Gottes
mit dem Menschen steht der Satz:
»Du bist mein Kind«, im Indikativ, der
Wirklichkeitsform. Es ist nicht der Satz
»Du sollst mein Kind sein«, nicht der Imperativ. Es
geht bei diesen Worten um das Ur-Element der An-
erkennung und Wertschätzung. Wertschätzen vor
werten. Sein vor sollen. Indikativ vor Imperativ, das
ist nicht nur ein wohlklingender pädagogischer Trick.
Aus christlicher Sicht ruft Gott den Menschen zuerst beim Namen und er nennt seinen Namen. Gott
selbst nennt seinen Namen, stellt sich vor.
Doch es bleibt nicht bei der Vorstellung. Denn mehr
noch und Kern christlicher Botschaft: Gott wird
Mensch, wird selbst Kind, Sohn, wird menschlicher
Name: Jesus. Im Gehen und Nachdenken wird mir
noch einmal bewusst, wie sehr der Sohn Ausdruck
des göttlichen Indikativs und greifbares, sichtbares

Zeichen dessen ist, was die berühmte Schriftstelle meint: Ich bin. Ich bin und ich bin da und ich werde da sein. Ein einzigartiger Indikativ, ein dynamisches Sein. Im Indikativ Gottes drückt sich aus, dass Gott Mensch wurde und einen menschlichen Namen trägt. Ich mag die Formulierung »Gott ließ sich herab« eigentlich nicht. Gott ist nicht herablassend. Er lässt sich nicht herab, er lässt sich *ein*. Das Entscheidende des Sohnes ist, dass Gott Fleisch wird, sich einlässt. Wir überlesen das manchmal vielleicht, man hat sich irgendwie dran gewöhnt, und gleichzeitig ist es seltsam fremd geblieben. Doch »Fleisch werden« bedeutet genau das Gegenteil von fremd bleiben. Es bedeutet Körper, und Körper bedeutet Individualität. Inkarnation, das bedeutet, dass da jemand in unsere Haut schlüpft, und das hat Konsequenzen: Er wird berührbar. Andere können ihm zu nahe kommen, ihm auf die Pelle rücken. So einer, der kann sich ärgern, dass ihm die Haare zu Berge stehen, und der kann ergriffen

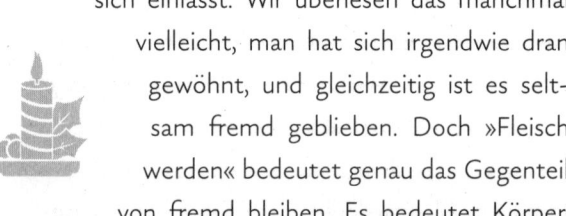

sein, dass er Gänsehaut bekommt. Weil Gott Sohn ist, kennt er Gänsehaut. Nicht »kennen« in einem irgendwie allwissenden Sinne. Er kennt es, weil er es *erfahren* hat. Der Sohn hat einen Sinn für uns, weil er die fünf Sinne hatte. Gott ist in diesem Sinne kein entfernter Verwandter, sondern im wahrsten Sinne des Wortes ein leiblicher. Der Indikativ Gottes wird deutlich durch das Wort, dass das, was geschaffen ist, gut ist. Wir sagen das so trivial dahin. Das ist es nicht.

Der niederländische Historiker Rutger Bregman hat ein Buch geschrieben mit dem Titel: *Im Grunde gut. Eine neue Geschichte der Menschheit.* Das Buch erschien in Deutschland im März 2020 und landete sofort auf den Bestsellerlisten. Ein Titel, der im Grunde von dieser uralten Genesis-Aussage ausgeht – sein Erfolg ist sicher der gesellschaftlichen Krise, in der es veröffentlicht wurde, geschuldet. Aber auch der Tatsache, dass es für uns heute fast eine Überraschung ist, dass da jemand sagt: Die Welt ist nicht schlecht und der Mensch nicht von Natur aus böse. Die Welt ist schön und der Mensch ist gut, von Grund auf gut. Auch das trägt. Und nichts anderes ist mit der Rede vom Indikativ gemeint. Das Wort Gottes gilt, mehr noch, es wird »Fleisch«. Mit diesem Indikativ steigert sich Gottes Verbindung zur Welt, es ist der ultimative Indikativ. Der Sohn ist Gottes Indikativ, ist Aspekt der Verbindlichkeit Gottes, auch im übertragenen Sinne. Verbindlich, mit Leib und Seele. Der Sohn zeigt, dass sich Gott uns verschrieben hat, mit Haut und Haar. Das meint Menschwerdung, das meint Inkarnation. Die Betonung der Bedeutung der Inkarnation ist mir wichtig. Das ist kein theoretischer Begriff, keine theologische Spielerei, die mit der Praxis und dem Leben nichts zu tun hat. Ganz im Gegenteil: Wenn sie sich nicht im Leben erweist, ist sie leer.

Was ich mich frage

Susanne Niemeyer

Verzeihen Sie, darf ich mich setzen? Wissen Sie, die Sache mit Weihnachten, die kriege ich einfach nicht zusammen. Nein, nein, ich gehöre nicht zu den Weihnachtshassern. Ich langweile Sie nicht mit einem Schwall Konsumkritik. Das will doch heute sowieso keiner mehr hören. Und gegen eine krosse Gans habe ich auch nichts einzuwenden, höchstens aus grundsätzlichen Erwägungen, Mast und Billig-produktion, Sie wissen schon. Aber nicht wegen Weihnachten. Ich bin kein Kartoffelsalattyp. Den kann man das ganze Jahr essen. Kartoffelsalat zu Weihnachten erinnert mich immer an eine Grillparty. Da möchte man gleich eine Dose Bier aufmachen und alles Feierliche ist weg. Und das soll es doch sein, das Weihnachtsfest: feierlich. Die Leute machen es sich zu Hause so richtig schön gemütlich. Das Tafelsilber wird rausgeholt oder zumindest ein paar Servietten, je nachdem, in welcher finanziellen Liga Sie spielen. Gut, vielleicht verpönen Sie Servietten wegen der Umwelt, vielleicht dekorieren Sie den Tisch mit Tannenzapfen und allerlei Kompostierbarem, aber Fakt ist doch: Sie wollen es sich schön machen. Sie wollen es feierlich haben. Oma legt ihre Perlenkette an und Sie bügeln Ihrem Gatten das Hemd. Ich wette, Sie wischen am Heiligmorgen den Boden noch mal gründlich.

Ich frage Sie: Ist das nicht sonderbar angesichts einer Geburt, die in einem Stall stattfand? Ich meine: Waren Sie schon mal in einem Stall? Erstens stinkt es dort und zweitens ist es zugig. Selbst wenn wir annehmen, dass der Allmächtige vor Marias Nieder-

kunft noch mal kräftig ausgemistet hat: Es ist nicht
romantisch. Und wenn, dann nur aus der Ferne.
Wenn man nicht selbst dabei ist. Kein Mensch,
der bei Sinnen ist, würde rufen: »Nächstes
Jahr wieder im Stall, weil's so schön war!«
Nee. Da trifft man sich doch lieber in
Omas Wohnzimmer. Da ist es gemütlicher.
Was, wenn Weihnachten gar kein gemütliches
Fest ist?
Der Allmächtige hätte seinen Sohn ja auch in einer
Dreizimmerwohnung mit Zentralheizung das Licht
der Welt erblicken lassen können. Hat er aber nicht.
Oder warten Sie, darüber besteht gar keine Klarheit.
Keine Sorge, ich will jetzt gar nicht die Historizität
der Weihnachtsgeschichte infrage stellen. Darüber
können wir uns ein anderes Mal unterhalten. Wenn
Sie möchten? Nein, worauf ich hinaus will, ist, dass
die Bibel ja selbst nicht sicher ist. Matthäus lässt den
Heiland in einem Haus zur Welt kommen. Kein Stall
weit und breit. Davon erzählt nur Lukas. Als Einzi-
ger. Ist doch komisch, oder? Ich meine jetzt nicht,

komisch, dass die beiden sich widersprechen, das kann schon mal vorkommen, sie waren ja nicht dabei, sondern komisch, dass wir uns in unseren Bildern und Liedern für die prekäre Version entscheiden. Kind in Krippe. Kein Zuhause. Niemand hilft. Nur der Stern scheint hell. Ist wohl irgendwie rührender, obwohl ich das gar nicht so rührend finde, wenn man bedenkt, an welchen Orten auch heute Kinder geboren werden. Da ist so eine Krippe dann eventuell wirklich der gemütlichere Ort.

Die stellen wir dann unter den Tannenbaum, weil das die Uroma doch auch schon immer so gemacht hat. Damals, im Erzgebirge.

Ich frage Sie: Hat das nicht etwas Zynisches, wenn wir uns das Elend in Miniatur ins Wohnzimmer stellen, während wir uns gleichzeitig ein Stück Gänsekeule in den Hals schieben?

Entschuldigung, ich wollte Ihnen nicht zu nahe treten. Sie haben natürlich recht, Ihr Wohnzimmer ist Ihre Privatsache. Ich versuche nur, den Zusammenhang zu finden.

Ein Zimtstern für Sie? Ach, Sie wollen noch nicht, wir sind noch nicht im Advent. Sie essen vorher kein Weihnachtsgebäck. Kein Spekulatius im September, sagen Sie. Verstehe. Auch wenn ich nicht so recht verstehe, was ein Zimtstern mit unserem Heiland zu tun hat. Meines Wissens ist da nichts überliefert. Sie wollen sich die Vorfreude nicht verderben? Ja, die Weihnachtsfreude kommt mit zunehmendem Alter etwas abhanden. *Einmal werden wir noch wach ...* das ist für Erwachsene der größtmögliche Horror, weil noch so viel zu erledigen ist. Da freut man sich schon mal auf einen Zimtstern.

Sie fühlen sich veralbert? Das wollte ich nicht. Sehen Sie, ich bin der Letzte, der religiöse Gefühle verletzen möchte. Allerdings sollten Sie Ihren Zimtstern dann doch lieber jetzt genießen. Ich meine, aus religiösen Gründen. Der Advent ist ja eine Fastenzeit. Damit man sich nüchtern aufs Fest vorbereiten kann. Ein voller Bauch meditiert nicht gern.

Sehen Sie, deshalb habe ich eben meine Schwierigkeiten. Wie man das alles zusammenbringt.

Ich mache es zu kompliziert, meinen Sie? Warten Sie, ich hätte eine Idee. Wie wäre es damit: Man feiert ein Genussfest im Januar. Da ist es noch dunkel genug und Schneefall ist auch wahrscheinlicher. Die Voraussetzungen für Gemütlichkeit sind also gegeben. Einen eingängigen Namen müsste man sich noch einfallen lassen. Aber das gelingt schon, bei Halloween hat das auch geklappt. Dann kann man Weihnachten einfach Weihnachten feiern. Keine Geschenke, kein Menü, kein Champagner, kein Stress. Nur Weihnachten.

Sie finden mich moralisch. Ich ahnte es. Nichts ist weniger unterhaltsam als ein moralischer Mensch. Sie sagen, ich solle es doch einfach so sehen: Weihnachten werde die Liebe geboren (in Gestalt unseres Heilandes, dem könne ich doch wohl zustimmen) und aus Freude darüber schenken wir uns eben etwas. Wie die Könige. Womit wir übrigens wieder im Januar wären, aber das nur nebenbei. Das klingt auf den ersten Blick ja auch ganz gefällig. Aber diese Könige, die kamen, weil sie annahmen, einen noch größeren Herrscher zu finden. Jemanden, der wichtiger ist als sie selbst. Dem brachten sie das Wertvollste, was sie hatten. Ich schätze, das ist nicht der Grund, warum Sie Tante Ilse Nordic-Walking-Stöcke schenken.

Jetzt werde ich persönlich, sagen Sie. Ich versichere Ihnen, ich habe höchste Achtung vor Ihrer Tante. Und Sport ist immer eine gute Idee. Besonders nach Weihnachten. Zimtstern?

Kind sein dürfen

Pierre Stutz

»Wenn ihr nicht werdet wie die Kinder, findet ihr keinen Zugang zu Gottes neuer Welt«, sagt der Liebhaber des Lebens, Jesus von Nazaret. Darin entdecke ich die tiefe Lebensweisheit, ein Leben lang Kind sein zu dürfen. Ein Leben lang jeden Tag neu anfangen können. Ein Leben lang wachsen und reifen können. Bis zur letzten Sekunde meines Lebens in mir entfalten, was noch brachliegt. Im Unterwegssein mit Kindern können wir diese spirituelle Grundhaltung alltäglich erneuern.

»Staunen ist die erste mystische Grundhaltung«, sagt Dorothee Sölle. Darum können Kinder uns spirituelle Lehrmeister sein. Durch sie können wir das Staunen, das Offensein, das Lachen und Weinen, das Aussprechen von Bedürfnissen, das In-Beziehung-Sein mit der Schöpfung lernen.

Mystikerinnen und Mystiker sprechen von der Geburt Gottes im Menschen; sie ereignet sich auch, wenn wir die Menschenrechte fördern, Widerstand leisten gegen Kinderarbeit, eine kinderfreundliche Welt mitgestalten.

Das Geheimnis der Weihnacht

Andrea Schwarz

Gott ist Gott und bleibt Gott – der allmächtige, der unbegreifliche, der starke Gott. Und doch: Dieser Gott ist so sehr Liebe, ist so sehr Macht und Kraft, ist so sehr Weisheit, dass er sich in Jesus Christus ohnmächtig, begreiflich und schwach macht. Eigentlich ist genau das die Glaubensaussage über den dreifaltigen Gott, der zugleich einer ist: Gott – Liebe – Mensch. Er ist »einer« und zeigt sich doch in verschiedenen Facetten.

Gott bleibt dunkel und fern und unbegreiflich und allmächtig für uns – und er muss es sein und bleiben. Was wäre das für ein Gott, den wir Menschen verstehen könnten! Gott muss sich unserem Begreifen entziehen, wenn er Gott sein will. Und Gott verstehen zu wollen – das ist eine Anmaßung von uns Menschen. Wie wollen wir mit unserem begrenzten Denken etwas Unbegrenztes verstehen? Alles, was wir verstehen können, ist in dem Sinn »kleiner« als wir selbst – und was wäre das für ein Gott, der in unser Denken hineinpasst? Gott und sein Handeln müssen unser Denken, unser Verstehen übersteigen. Und es muss bleiben die Frage nach dem »Warum?« und die Klage und der Protest – eben weil wir diesen Gott nicht verstehen.

Und doch ist dieser Gott zugleich so sehr Liebe, dass wir Menschen ihm nicht gleichgültig sind – er sehnt sich nach uns, wir liegen ihm am Herzen. Die Liebe ist eine Kraft, die erlösen kann, die Wunder wirken kann, die Menschen verändern kann. Durch diese Liebe, durch die Macht seines Denkens, seines Wollens, kommt eine Kraft zu uns, kommt seine Kraft zu uns. Die Bibel hat dafür viele Bilder: der Engel, der

Gottes Nähe zusagt, die Wolke, die Taube ... – aber wie will man das erklären, in Worte fassen, was zwischen Gott und dem Menschen geschieht? Wir tun uns ja oft genug schwer, zu erklären und zu verstehen, was im Namen der Liebe zwischen zwei Menschen passiert ...

Aus seiner Liebe heraus wird Gott Mensch, begibt sich in unsere irdische Begrenztheit mit hinein, wird solidarisch mit uns Menschen. Aus dem fernen, allmächtigen, starken Gott wird ein Mensch, der unsere Wege mit uns geht, der sich uns zugesellt in all unsere Verstiegenheiten und Verwirrungen hinein, der in unsere Dunkelheiten hineinkommt, der uns nahe kommt, ganz nah. Da ist einer, der unsere Schwachheit auf sich nimmt – und sie gerade deshalb nachfühlen kann. Da ist einer, der weiß, wie sich Schmerzen anfühlen – und der eben nicht nur nette Worte macht. Da ist einer, der weiß, was Dunkelheit und Einsamkeit ist, da ist einer, der weint und zornig ist, da ist einer, der von seinen Freunden verraten und verleugnet wird – und der weiß, was »wehtun« heißt.

Wir brauchen alle drei Seiten unseres Gottes: Wir brauchen den Gott, der sich unserem Verstehen entzieht – wen sonst sollten wir anbeten? Wir brauchen die Kraft, die über uns kommt, uns erfüllt – woraus sonst sollten wir leben? Und wir brauchen die Solidarität dieses Gottes, damit es für uns leichter ist, Mensch zu sein, wir brauchen den, der unsere Wege bedingungslos mit uns geht – wer sonst sollte mit uns gehen?

Anhang

Quellenverzeichnis

Alle Quellentexte sind, wenn nicht anders angegeben, im Verlag Herder, Freiburg im Breisgau, erschienen. © Verlag Herder GmbH, Freiburg im Breisgau

Hanna Buiting, Schreiben ist Gold. Eine Einladung zu Kreativität und Achtsamkeit, 2022

Guido Fuchs, Unsere Weihnachtslieder und ihre Geschichte, 2018

Hermann Glettler, Dein Herz ist gefragt. Spirituelle Orientierung in nervöser Zeit, 2022

Anselm Grün, Das kleine Buch der Weihnachtsfreude, 2013

Anselm Grün, Folge dem Stern. Halt und Ruhe finden im Advent, 2022

Klosterweihnacht. Rezepte für Leib und Seele, 2022

Lorenz Marti, Der innere Kompass. Was uns ausmacht und was wirklich zählt, 2022

Susanne Niemeyer, Das Weihnachtsschaf. 24 wunderbare Geschichten, 2020

Susanne Niemeyer, Jesus klingelt. Neue Weihnachtsgeschichten, 2019

Rainer Maria Rilke, Sämtliche Werke, Bd. 1, Frankfurt am Main
1975

Andrea Schwarz, Eigentlich ist Weihnachten ganz anders. Hoff-
nungstexte, 2021

Christa Spannbauer, 24 Tage Achtsamkeit. Impulse für eine
etwas andere Adventszeit, 2019

Pierre Stutz, 50 Rituale für die Seele, 2022

Beatrice von Weizsäcker und Norbert Roth, Haltepunkte. Gott
ist seltsam, und das ist gut, 2021

Heiner Wilmer, Trägt. Die Kunst, Hoffnung und Liebe zu glauben, 2020

Notker Wolf und Corinna Mühlstedt, Mitten im Leben wird
Gott geboren. 24 Impulse zur Weihnachtszeit, 2017

Teresa Zukic, Warm ums Herz. 24 Lichter für Deine Adventszeit, 2022

Textnachweise

S. 14: Rilke, Sämtliche Werke, Bd. 1, 101

S. 15: Grün, Folge dem Stern, 26f

S. 18: Buiting, Schreiben ist Gold, 24f

S. 20: Schwarz, Eigentlich ist Weihnachten ganz anders 114

S. 22: Grün, Folge dem Stern, 22

S. 24: Spannbauer, 24 Tage Achtsamkeit, 15f

S. 28: Roth/Weizsäcker, Haltepunkte, 212f

S. 31: Wolf/Mühlstedt, Mitten im Leben, 40

S. 33: Zukic, Warm ums Herz, 28f

S. 38: Fuchs, Unsere Weihnachtslieder und ihre Geschichte, 116

S. 39: Grün, Folge dem Stern, 59

S. 41: Glettler, Dein Herz ist gefragt, 31f

S. 44: Wolf/Mühlstedt, Mitten im Leben, 56

S. 45: Niemeyer, Jesus klingelt, 24–28

S. 51: Marti, Der innere Kompass, 69–71

S. 55: Klosterweihnacht, 96f

S. 62: Fuchs, Unsere Weihnachtslieder und ihre Geschichte, 50

S. 63: Schwarz, Eigentlich ist Weihnachten ganz anders, 99–102

S. 69: Roth/Weizsäcker, Haltepunkte, 169f

S. 73: Spannbauer, 24 Tage Achtsamkeit, 66f

S. 77: Zukic, Warm ums Herz, 46–49

S. 83: Grün, Das kleine Buch der Weihnachtsfreude, 71f

S. 85: Klosterweihnacht, 106f

S. 90 Fuchs, Unsere Weihnachtslieder und ihre Geschichte, 101

S. 91: Schwarz, Eigentlich ist Weihnachten ganz anders, 5–7

S. 95: Klosterweihnacht, 34–37

S. 98: Wolf/Mühlstedt, Mitten im Leben, 27

S. 99: Glettler, Dein Herz ist gefragt, 56f

S. 101: Wilmer, Trägt, 108–110

S. 105: Niemeyer, Das Weihnachtsschaf, 33–37

S. 112: Stutz, 50 Rituale für die Seele, 59f

S. 114: Schwarz, Eigentlich ist Weihnachten ganz anders 56f

Verzeichnis der Autorinnen und Autoren

Hanna Buiting, geb. 1992, ist freie Autorin, Journalistin und Kolumnistin und beschäftigt sich besonders gern mit der Verbindung von Sprache und Spiritualität, Schreiben und Seelsorge. In kreativen Schreibwerkstätten lädt sie Menschen dazu ein, ihrer eigenen Lebensgeschichte Wort für Wort auf die Spur zu kommen. Bei Herder: »Schreiben ist Gold. Eine Einladung zu Kreativität und Achtsamkeit« (2022).

Hermann Glettler, geb. 1965, studierte Theologie und Kunstgeschichte und wurde 1991 zum Priester geweiht. Seit 2017 ist er Bischof von Innsbruck; er engagiert sich für zeitgenössische Kunst und erregt durch seine originellen Aktionen und mitreißenden Predigten immer wieder große Aufmerksamkeit. Bei Herder: »Dein Herz ist gefragt. Spirituelle Orientierung in nervöser Zeit« (2022).

Anselm Grün, geb. 1945, Dr. theol., Benediktiner und Verwalter der Abtei Münsterschwarzach; geistlicher Berater, Begleiter und weltweit populärster christlicher Autor unserer Tage. Seine Bücher zur Spiritualität und Lebenskunst haben Millionenauflagen erreicht. Zuletzt bei Herder u. a.: »Abschiede. Vom Mut loszulassen und der Kraft weiterzugehen« (2022). Im Internet: www.einfach-leben-brief.de

Lorenz Marti, 1952–2020, studierte Geschichte und Politik und war von 1977 bis Ende 2012 Redakteur im Schweizer Radio DRS.

Sein besonderes Interesse als Schriftsteller galt der Verbindung von Alltag und Spiritualität, von philosophischen Einsichten und konkreter Lebensweisheit. Marti lebte und arbeitete in Bern. Zuletzt bei Herder: »Der innere Kompass. Was uns ausmacht und was wirklich zählt« (2022).

Pater Philipp Meyer OSB, geb. 1981 in Braunschweig, ist der Kantor der Abtei Maria Laach und Chordirektor der von ihm gegründeten Cappella Lacensis. Er studierte Kirchenmusik in Heidelberg und Köln und trat 2006 in die Benediktinerabtei Maria Laach ein. Nach dem Studium der Theologie in Salzburg und Rom wurde er 2015 zum Priester geweiht. Durch seine Video-Kolumne auf katholisch.de wurde er einem großen Publikum bekannt. Bei Herder: »Gott ist uns nahe. 24 Adventsmeditationen« und »Gott macht unruhig. Die Dynamik meines Glaubens« (2020).

Mönch von Salzburg, anonym gebliebener Komponist und Liederdichter des Spätmittelalters, der am Hof des Salzburger Erzbischofs Pilgrim II. von Puchheim (1365–1396) wirkte.

Susanne Niemeyer, geb. 1972, ist freie Autorin, Kolumnistin und Bloggerin (www.freudenwort.de). Vorher war sie viele Jahre Redakteurin bei »Andere Zeiten«. Auf ihren kreativen Schreibreisen nach Schweden, Mallorca oder in die Alpen sammelt sie neue Ideen und inspiriert andere dazu, eigene Geschichten zu schreiben. Von ihrem Fenster im dritten Stock sieht sie den Hamburger Himmel. Zuletzt bei Herder: »So viel du brauchst. Sieben Sachen zum besseren Leben« (2021).

Wolfgang Öxler, geb. 1957, ist 1980 in den Benediktinerorden von St. Ottilien eingetreten, seit 1988 Priester und seit 2013 Erzabt von St. Ottilien. Der Leitspruch des Diplomtheologen und Musikers lautet: »Gottesvoll den Menschen nah.« Zuletzt bei Herder zusammen mit Andrea Göppel: »Freie Räume für mehr Leben. Der Seele Weite geben« (2022).

Rainer Maria Rilke, 1875–1926, einer der bedeutendsten deutschsprachigen Dichter des 20. Jahrhunderts. Bei Herder: »Geschichten vom lieben Gott« (2021).

Norbert Roth, geb. 1973, Dr. theol., ist Musiker, Psychologe und Theologe. Derzeit wirkt er als Pfarrer der Evangelisch-Lutherischen Kirchengemeinde St. Matthäus in München (Bischofskirche) und ist in verschiedenen evangelischen Gremien vertreten. Bekannt ist er auch durch seine Beiträge für den BR, Antenne Bayern u. a. Bei Herder zusammen mit Beatrice von Weizsäcker: »Haltepunkte. Gott ist seltsam, und das ist gut« (2021).

Johannes Schaber OSB, geb. 1967, trat 1987 in die Benediktinerabtei Ottobeuren ein. Er studierte Philosophie und Theologie in München. Seit 2013 Abt von Ottobeuren.

Christoph von Schmid, 1768–1854, Priester, Jugendbuchautor und Dichter von Kirchenliedern.

Andrea Schwarz, geb. 1955, ausgebildete Industriekauffrau und Sozialpädagogin, viele Jahre in der Gemeindearbeit in Viernheim bei Mannheim sowie ehrenamtlich bei Projekten der

Mariannhiller Schwestern in Südafrika. Heute als gefragte Referentin, Trainerin und Bibliolog-Ausbilderin tätig. Zahlreiche, sehr erfolgreiche Veröffentlichungen im Verlag Herder. Zuletzt: »Eigentlich ist Weihnachten ganz anders« (2021).

Christa Spannbauer lebt als Autorin, Referentin und Filmemacherin in Berlin. In ihren Publikationen und Vorträgen beschäftigt sie sich mit den Fragen der Lebenskunst und zeigt die Alltagstauglichkeit der Weisheitswege aus Ost und West für den modernen Menschen auf. Ihre jahrelange Zen- und Achtsamkeitspraxis unterstützen sie darin. Zuletzt gemeinsam mit Annika Behrendt bei Herder: »Den Herzschlag der Natur spüren. Achtsam und verbunden leben« (2020). www.christa-spannbauer.de

Pierre Stutz, Theologe, spiritueller Begleiter, Autor vieler erfolgreicher Bücher zu einer Spiritualität im Alltag, langjährige Erfahrung in Jugendseelsorge und Erwachsenenbildung, Ausbildung im Sozialtherapeutischen Rollenspiel, rege Kurs- und Vortragstätigkeit im ganzen deutschsprachigen Raum, lebt in Osnabrück. Zuletzt bei Herder: »50 Rituale für die Seele« (2022). Im Internet: www.pierrestutz.ch

Beatrice von Weizsäcker, geb. 1958, Dr. jur., ist Juristin und Publizistin. Seit 2003 lebt sie als freie Autorin in München. Sie spricht und schreibt regelmäßig für den Bayerischen Rundfunk und evangelisch.de. Weizsäcker, langjähriges Präsidiumsmitglied des evangelischen und des ökumenischen Kirchentags, trat Anfang 2020 zum katholischen Glauben über. Bei Herder zusammen mit Norbert Roth: »Haltepunkte. Gott ist seltsam, und das ist gut« (2021).

Heiner Wilmer SCJ, Dr. theol., geb. 1961, 1987 zum Priester geweiht, 1993-2007 Lehrer, Schulseelsorger, Schulleiter; seit 2007 Provinzial der Herz-Jesu-Priester in Deutschland. Von 2015-2018 war er Ordensgeneral der Leiter der Herz-Jesu-Priester (Dehonianer) weltweit, bevor er 2018 zum Bischof von Hildesheim ernannt wurde. Zuletzt bei Herder: »Trägt. Die Kunst, Hoffnung und Liebe zu glauben« (2020) und »Mose. Wüstenlektionen zum Aufbrechen« (2022).

Notker Wolf, Dr. phil., geb. 1940, seit 1961 Mönch der Benediktinerabtei St. Ottilien, 1977 zum Erzabt gewählt, von 2000 bis 2016 war er als Abtprimas des Benediktinerordens mit Sitz in Rom der höchste Repräsentant von mehr als 800 Klöstern und Abteien weltweit. Zuletzt mit Corinna Mühlstedt bei Herder: »Öffne deine Augen. Jeder kann Mystiker werden« (2021).

Schwester Teresa Zukic, geb. 1964, ist Mitbegründerin der »Kleinen Kommunität der Geschwister Jesu« und eine der bekanntesten Ordensschwestern Deutschlands. Sie ist eine gefragte Rednerin und Autorin von Bestsellern wie »Die Seele braucht mehr als Pflaster« (Herder 2017). Zuletzt bei Herder: »Warm ums Herz. 24 Lichter für Deine Adventszeit« (2022).

© Verlag Herder GmbH, Freiburg im Breisgau 2022

Alle Rechte vorbehalten

www.herder.de

Umschlaggestaltung: Verlag Herder

Umschlagmotiv: © Yuzach/ GettyImages

Vignetten im Innenteil: © diane555/GettyImages

Satz: Arnold & Domnick, Leipzig

Herstellung: GGP Media GmbH, Pößneck

Printed in Germany

ISBN 978-3-451-39394-5